THIS RECIPE BOOK BELONGS TO:

_____

_____

_____

TABLE OF CONTENT

TABLE OF CONTENT

RECIPE   PAGE

TABLE OF CONTENT

RECIPE

PAGE

TABLE OF CONTENT

RECIPE   PAGE

_____   _____
_____   _____
_____   _____
_____   _____
_____   _____
_____   _____
_____   _____
_____   _____
_____   _____
_____   _____
_____   _____
_____   _____
_____   _____
_____   _____
_____   _____
_____   _____
_____   _____
_____   _____
_____   _____
_____   _____
_____   _____
_____   _____
_____   _____
_____   _____

TABLE OF CONTENT

RECIPE	PAGE

TABLE OF CONTENT

RECIPE   PAGE

_____   _____

_____   _____

_____   _____

_____   _____

_____   _____

_____   _____

_____   _____

_____   _____

_____   _____

_____   _____

_____   _____

_____   _____

_____   _____

_____   _____

_____   _____

_____   _____

_____   _____

_____   _____

_____   _____

_____   _____

_____   _____

_____   _____

RECIPE

From the kitchen of: _____

Servings:	Baking time:	Temperature:

Ingredients

_____ _____ _____
_____ _____ _____
_____ _____ _____
_____ _____ _____
_____ _____ _____
_____ _____ _____
_____ _____ _____

Directions: _____
_____
_____
_____
_____
_____

Notes: _____
_____
_____
_____
_____

Rating	Difficult
☆ ☆ ☆ ☆ ☆	◯ ◯ ◯ ◯ ◯

RECIPE

From the kitchen of: _____

Servings:	Baking time:	Temperature:

Ingredients

_____	_____	_____
_____	_____	_____
_____	_____	_____
_____	_____	_____
_____	_____	_____
_____	_____	_____
_____	_____	_____

Directions: _____

_____

_____

_____

_____

_____

Notes: _____

_____

_____

_____

_____

Rating	Difficult
☆ ☆ ☆ ☆ ☆	○ ○ ○ ○ ○

RECIPE

From the kitchen of: Cleobuttera.com.

Servings: 16 pieces

Baking time: 50mins total

Temperature: 170°c / 180°c

Ingredients

Shortbread:
- 170g unsalted butter room temp.
- 90g light brown packed sugar
- 240g plain flour
- 1/4 tsp + 1/8 tsp salt

Pecan topping:
- 113g butter
- 200g brown sugar
- 2 tbsp dbl cream
- 1/8 tsp salt
- 227g chopped pecan
- 43g honey
or golden syrup

13 x 9 inch tray with baking paper

Directions: 1. Beat butter until ribboney (1min) add salt and sugar until light (3-5mins) 2. On low speed add flour and press into a tin - bake until golden (20mins). 3. In saucepan add all ingredients except pecans bring to simmer for one minute + stir in

Notes: pecans. Add to shortbread and bake for 12-18 minutes until bubbles all over surface, no longer as will be hard. Leave to set before cutting

Rating
★★★★☆

Difficult
✓ ✓ ✓ ○ ○

RECIPE

From the kitchen of: _____

Servings:	Baking time:	Temperature:

Ingredients

_____   _____   _____
_____   _____   _____
_____   _____   _____
_____   _____   _____
_____   _____   _____
_____   _____   _____
_____   _____   _____

Directions: _____
_____
_____
_____
_____
_____

Notes: _____
_____
_____
_____
_____

Rating	Difficult
☆ ☆ ☆ ☆ ☆	○ ○ ○ ○ ○

RECILE

From the kitchen of: Georgie Eats

Servings:	Baking time:	Temperature:
8 -12	10 -15 mins	160°/170°

Ingredients

135g	rolled oats
120g	mixture of pecans + almonds
35g	mix of chia, flax, sunflower, pumpkin
80g -100g	pitted dates (soaked 10 mins)
80g	raisins (soaked 10 mins)
3 tbsp	honey
90g	peanut butter
1½ tbsp	coconut oil

Directions: - Bake oats, seeds + nuts until brown.
- blitz dates + ¼ raisins in processer
- heat honey, dates, oil, peanut butter on low heat.
- mix everything together
- put in 9x9 dish (w/greaseproof) press down firmly.
- refridgerate for 30 mins and cut.

Notes: _____

_____

_____

_____

_____

Rating	Difficult
★★★★☆	●● ○○○

RECIPE

From the kitchen of: _____

Servings:	Baking time:	Temperature:

Ingredients

_____ _____ _____
_____ _____ _____
_____ _____ _____
_____ _____ _____
_____ _____ _____
_____ _____ _____
_____ _____ _____

Directions: _____
_____
_____
_____
_____
_____

Notes: _____
_____
_____
_____
_____

Rating	Difficult
☆ ☆ ☆ ☆ ☆	○ ○ ○ ○ ○

RECIPE

From the kitchen of:

Servings:	Baking time:	Temperature:

Ingredients

Directions:

Notes:

Rating	Difficult
☆ ☆ ☆ ☆ ☆	○ ○ ○ ○ ○

RECIPE

From the kitchen of: _____

Servings:	Baking time:	Temperature:

Ingredients

_____ _____ _____

_____ _____ _____

_____ _____ _____

_____ _____ _____

_____ _____ _____

_____ _____ _____

_____ _____ _____

Directions: _____

_____

_____

_____

_____

_____

Notes: _____

_____

_____

_____

_____

Rating	Difficult
☆ ☆ ☆ ☆ ☆	○ ○ ○ ○ ○

RECIPE

From the kitchen of: _____

| Servings: | Baking time: | Temperature: |

Ingredients

_____ _____ _____
_____ _____ _____
_____ _____ _____
_____ _____ _____
_____ _____ _____
_____ _____ _____
_____ _____ _____
_____ _____ _____

Directions: _____
_____
_____
_____
_____
_____

Notes: _____
_____
_____
_____
_____

| Rating | Difficult |
| ☆ ☆ ☆ ☆ ☆ | ○ ○ ○ ○ ○ |

RECIPE

From the kitchen of: _____

Servings:	Baking time:	Temperature:

Ingredients

_____ _____ _____
_____ _____ _____
_____ _____ _____
_____ _____ _____
_____ _____ _____
_____ _____ _____
_____ _____ _____

Directions: _____
_____
_____
_____
_____
_____

Notes: _____
_____
_____
_____
_____

Rating	Difficult
☆ ☆ ☆ ☆ ☆	○ ○ ○ ○ ○

RECIPE

From the kitchen of: _____

Servings:	Baking time:	Temperature:

Ingredients

_____ _____ _____
_____ _____ _____
_____ _____ _____
_____ _____ _____
_____ _____ _____
_____ _____ _____
_____ _____ _____
_____ _____ _____

Directions: _____
_____
_____
_____
_____
_____

Notes: _____
_____
_____
_____
_____

Rating	Difficult
☆ ☆ ☆ ☆ ☆	◯ ◯ ◯ ◯ ◯

RECIPE

From the kitchen of: _____

Servings:	Baking time:	Temperature:

Ingredients

_____ _____ _____
_____ _____ _____
_____ _____ _____
_____ _____ _____
_____ _____ _____
_____ _____ _____
_____ _____ _____
_____ _____ _____

Directions: _____
_____
_____
_____
_____
_____
_____

Notes: _____
_____
_____
_____
_____

Rating	Difficult
☆ ☆ ☆ ☆ ☆	○ ○ ○ ○ ○

RECIPE

From the kitchen of: _____

Servings:	Baking time:	Temperature:

Ingredients

_____ _____ _____

_____ _____ _____

_____ _____ _____

_____ _____ _____

_____ _____ _____

_____ _____ _____

_____ _____ _____

Directions: _____

_____

_____

_____

_____

_____

Notes: _____

_____

_____

_____

_____

Rating ☆ ☆ ☆ ☆ ☆	Difficult ○ ○ ○ ○ ○

RECIPE

From the kitchen of: _____

Servings:	Baking time:	Temperature:

Ingredients

_____ _____ _____

_____ _____ _____

_____ _____ _____

_____ _____ _____

_____ _____ _____

_____ _____ _____

_____ _____ _____

Directions: _____

_____

_____

_____

_____

_____

Notes: _____

_____

_____

_____

_____

Rating	Difficult
☆ ☆ ☆ ☆ ☆	○ ○ ○ ○ ○

RECIPE

From the kitchen of: _____

Servings:	Baking time:	Temperature:

Ingredients

_____ _____ _____
_____ _____ _____
_____ _____ _____
_____ _____ _____
_____ _____ _____
_____ _____ _____
_____ _____ _____

Directions: _____

_____
_____
_____
_____
_____

Notes: _____

_____
_____
_____
_____

Rating ☆ ☆ ☆ ☆ ☆	Difficult ○ ○ ○ ○ ○

RECIPE

From the kitchen of: _____

Servings:	Baking time:	Temperature:

Ingredients

_____ _____ _____
_____ _____ _____
_____ _____ _____
_____ _____ _____
_____ _____ _____
_____ _____ _____
_____ _____ _____

Directions: _____

_____
_____
_____
_____
_____

Notes: _____

_____
_____
_____
_____

Rating	Difficult
☆ ☆ ☆ ☆ ☆	○ ○ ○ ○ ○

RECIPE

From the kitchen of: _____

Servings:	Baking time:	Temperature:

Ingredients

_____ _____ _____
_____ _____ _____
_____ _____ _____
_____ _____ _____
_____ _____ _____
_____ _____ _____
_____ _____ _____

Directions: _____
_____
_____
_____
_____

Notes: _____
_____
_____
_____
_____

Rating	Difficult
☆ ☆ ☆ ☆ ☆	○ ○ ○ ○ ○

RECIPE

From the kitchen of: _____

Servings:	Baking time:	Temperature:
- - - - - - - - -	- - - - - - - - - - - - -	- - - - - - - - - - - - -

Ingredients

_____   _____   _____

_____   _____   _____

_____   _____   _____

_____   _____   _____

_____   _____   _____

_____   _____   _____

_____   _____   _____

Directions: _____

_____

_____

_____

_____

_____

Notes: _____

_____

_____

_____

_____

Rating	Difficult
☆ ☆ ☆ ☆ ☆	○ ○ ○ ○ ○

RECIPE

From the kitchen of: _____

Servings:	Baking time:	Temperature:

Ingredients

_____ _____ _____
_____ _____ _____
_____ _____ _____
_____ _____ _____
_____ _____ _____
_____ _____ _____
_____ _____ _____

Directions: _____
_____
_____
_____
_____
_____

Notes: _____
_____
_____
_____
_____

Rating ☆ ☆ ☆ ☆ ☆	Difficult ◯ ◯ ◯ ◯ ◯

RECIPE

From the kitchen of: _____

Servings:	Baking time:	Temperature:

Ingredients

_____ _____ _____
_____ _____ _____
_____ _____ _____
_____ _____ _____
_____ _____ _____
_____ _____ _____
_____ _____ _____

Directions: _____
_____
_____
_____
_____
_____

Notes: _____
_____
_____
_____
_____

Rating ☆ ☆ ☆ ☆ ☆	Difficult ◯ ◯ ◯ ◯ ◯

RECIPE

From the kitchen of: _____

Servings:	Baking time:	Temperature:

Ingredients

_____ _____ _____
_____ _____ _____
_____ _____ _____
_____ _____ _____
_____ _____ _____
_____ _____ _____
_____ _____ _____

Directions: _____
_____
_____
_____
_____

Notes: _____
_____
_____
_____
_____

Rating	Difficult
☆ ☆ ☆ ☆ ☆	○ ○ ○ ○ ○

RECIPE

From the kitchen of: _____

Servings:	Baking time:	Temperature:

Ingredients

_____ _____ _____
_____ _____ _____
_____ _____ _____
_____ _____ _____
_____ _____ _____
_____ _____ _____
_____ _____ _____

Directions: _____
_____
_____
_____
_____
_____

Notes: _____
_____
_____
_____
_____

Rating	Difficult
☆ ☆ ☆ ☆ ☆	◯ ◯ ◯ ◯ ◯

RECIPE

From the kitchen of: _____

Servings:	Baking time:	Temperature:

Ingredients

_____ _____ _____
_____ _____ _____
_____ _____ _____
_____ _____ _____
_____ _____ _____
_____ _____ _____
_____ _____ _____

Directions: _____
_____
_____
_____
_____
_____

Notes: _____
_____
_____
_____
_____

Rating
☆ ☆ ☆ ☆ ☆

Difficult
○ ○ ○ ○ ○

RECIPE

From the kitchen of: _____

Servings:	Baking time:	Temperature:

Ingredients

_____ _____ _____
_____ _____ _____
_____ _____ _____
_____ _____ _____
_____ _____ _____
_____ _____ _____
_____ _____ _____

Directions: _____
_____
_____
_____
_____
_____

Notes: _____
_____
_____
_____
_____

Rating	Difficult
☆ ☆ ☆ ☆ ☆	◯ ◯ ◯ ◯ ◯

RECIPE

_____

From the kitchen of: _____

Servings:	Baking time:	Temperature:

Ingredients

_____ _____ _____
_____ _____ _____
_____ _____ _____
_____ _____ _____
_____ _____ _____
_____ _____ _____
_____ _____ _____

Directions: _____

_____
_____
_____
_____

Notes: _____

_____
_____
_____
_____

Rating	Difficult
☆ ☆ ☆ ☆ ☆	○ ○ ○ ○ ○

RECIPE

From the kitchen of: _____

Servings:	Baking time:	Temperature:

Ingredients

_____ _____ _____
_____ _____ _____
_____ _____ _____
_____ _____ _____
_____ _____ _____
_____ _____ _____
_____ _____ _____

Directions: _____
_____
_____
_____
_____
_____

Notes: _____
_____
_____
_____

Rating ☆☆☆☆☆	Difficult ○○○○○

RECIPE

From the kitchen of: _____

Servings:	Baking time:	Temperature:

Ingredients

_____ _____ _____
_____ _____ _____
_____ _____ _____
_____ _____ _____
_____ _____ _____
_____ _____ _____
_____ _____ _____

Directions: _____
_____
_____
_____
_____
_____

Notes: _____
_____
_____
_____
_____

Rating	Difficult
☆ ☆ ☆ ☆ ☆	○ ○ ○ ○ ○

RECIPE

From the kitchen of: _____

Servings:	Baking time:	Temperature:

Ingredients

_____   _____   _____

_____   _____   _____

_____   _____   _____

_____   _____   _____

_____   _____   _____

_____   _____   _____

_____   _____   _____

Directions: _____

_____

_____

_____

_____

_____

Notes: _____

_____

_____

_____

_____

Rating ☆ ☆ ☆ ☆ ☆	Difficult ○ ○ ○ ○ ○

RECIPE

From the kitchen of: _____

Servings:	Baking time:	Temperature:

Ingredients

_____ _____ _____
_____ _____ _____
_____ _____ _____
_____ _____ _____
_____ _____ _____
_____ _____ _____
_____ _____ _____

Directions: _____
_____
_____
_____
_____
_____

Notes: _____
_____
_____
_____
_____

Rating	Difficult
☆ ☆ ☆ ☆ ☆	○ ○ ○ ○ ○

RECIPE

From the kitchen of: _____

Servings:	Baking time:	Temperature:

Ingredients

_____ _____ _____
_____ _____ _____
_____ _____ _____
_____ _____ _____
_____ _____ _____
_____ _____ _____
_____ _____ _____

Directions: _____
_____
_____
_____
_____
_____

Notes: _____
_____
_____
_____
_____

Rating	Difficult
☆ ☆ ☆ ☆ ☆	○ ○ ○ ○ ○

RECIPE

From the kitchen of:

Servings:	Baking time:	Temperature:

Ingredients

_____ _____ _____
_____ _____ _____
_____ _____ _____
_____ _____ _____
_____ _____ _____
_____ _____ _____
_____ _____ _____

Directions: _____
_____
_____
_____
_____
_____

Notes: _____
_____
_____
_____
_____

Rating	Difficult
☆ ☆ ☆ ☆ ☆	○ ○ ○ ○ ○

RECIPE

From the kitchen of:

Servings:	Baking time:	Temperature:

Ingredients

Directions:

Notes:

Rating	Difficult
☆ ☆ ☆ ☆ ☆	○ ○ ○ ○ ○

RECIPE

From the kitchen of: _____

Servings:	Baking time:	Temperature:

Ingredients

_____ _____ _____
_____ _____ _____
_____ _____ _____
_____ _____ _____
_____ _____ _____
_____ _____ _____
_____ _____ _____

Directions: _____
_____
_____
_____
_____

Notes: _____
_____
_____
_____

Rating	Difficult
☆ ☆ ☆ ☆ ☆	○ ○ ○ ○ ○

RECIPE

From the kitchen of: _____

Servings:	Baking time:	Temperature:

Ingredients

_____ _____ _____
_____ _____ _____
_____ _____ _____
_____ _____ _____
_____ _____ _____
_____ _____ _____
_____ _____ _____

Directions: _____
_____
_____
_____
_____
_____

Notes: _____
_____
_____
_____
_____

Rating	Difficult
☆ ☆ ☆ ☆ ☆	○ ○ ○ ○ ○

RECIPE

From the kitchen of:

Servings:	Baking time:	Temperature:

Ingredients

Directions:

Notes:

Rating	Difficult
☆ ☆ ☆ ☆ ☆	○ ○ ○ ○ ○

RECIPE

From the kitchen of: _____

Servings:	Baking time:	Temperature:

Ingredients

_____ _____ _____
_____ _____ _____
_____ _____ _____
_____ _____ _____
_____ _____ _____
_____ _____ _____
_____ _____ _____

Directions: _____
_____
_____
_____
_____
_____

Notes: _____
_____
_____
_____
_____

Rating ☆☆☆☆☆	Difficult ○○○○○

RECIPE

From the kitchen of: _____

Servings:	Baking time:	Temperature:

Ingredients

_____ _____ _____
_____ _____ _____
_____ _____ _____
_____ _____ _____
_____ _____ _____
_____ _____ _____
_____ _____ _____
_____ _____ _____

Directions: _____
_____
_____
_____
_____
_____

Notes: _____
_____
_____
_____
_____

Rating	Difficult
☆ ☆ ☆ ☆ ☆	○ ○ ○ ○ ○

RECIPE

From the kitchen of: _____

Servings:	Baking time:	Temperature:

Ingredients

_____ _____ _____
_____ _____ _____
_____ _____ _____
_____ _____ _____
_____ _____ _____
_____ _____ _____
_____ _____ _____
_____ _____ _____

Directions: _____
_____
_____
_____
_____
_____

Notes: _____
_____
_____
_____
_____

Rating ☆☆☆☆☆	Difficult ○○○○○

RECIPE

From the kitchen of: _____

Servings:	Baking time:	Temperature:

Ingredients

_____ _____ _____
_____ _____ _____
_____ _____ _____
_____ _____ _____
_____ _____ _____
_____ _____ _____
_____ _____ _____

Directions: _____
_____
_____
_____
_____
_____

Notes: _____
_____
_____
_____
_____

Rating	Difficult
☆ ☆ ☆ ☆ ☆	○ ○ ○ ○ ○

RECIPE

From the kitchen of: _____

Servings:	Baking time:	Temperature:

Ingredients

_____ _____ _____

_____ _____ _____

_____ _____ _____

_____ _____ _____

_____ _____ _____

_____ _____ _____

_____ _____ _____

Directions: _____

_____

_____

_____

_____

_____

Notes: _____

_____

_____

_____

_____

Rating ☆ ☆ ☆ ☆ ☆	Difficult ○ ○ ○ ○ ○

RECIPE

_____

From the kitchen of: _____

Servings:	Baking time:	Temperature:

Ingredients

_____ _____ _____

_____ _____ _____

_____ _____ _____

_____ _____ _____

_____ _____ _____

_____ _____ _____

_____ _____ _____

Directions: _____

_____

_____

_____

_____

_____

Notes: _____

_____

_____

_____

_____

Rating ☆ ☆ ☆ ☆ ☆	Difficult ○ ○ ○ ○ ○

RECIPE

From the kitchen of: _____

Servings:	Baking time:	Temperature:

Ingredients

_____ _____ _____
_____ _____ _____
_____ _____ _____
_____ _____ _____
_____ _____ _____
_____ _____ _____
_____ _____ _____

Directions: _____
_____
_____
_____
_____
_____

Notes: _____
_____
_____
_____
_____

Rating	Difficult
☆ ☆ ☆ ☆ ☆	○ ○ ○ ○ ○

RECIPE

From the kitchen of: _____

Servings:	Baking time:	Temperature:

Ingredients

_____   _____   _____
_____   _____   _____
_____   _____   _____
_____   _____   _____
_____   _____   _____
_____   _____   _____
_____   _____   _____

Directions: _____
_____
_____
_____
_____
_____

Notes: _____
_____
_____
_____
_____

Rating	Difficult
☆ ☆ ☆ ☆ ☆	○ ○ ○ ○ ○

RECIPE

From the kitchen of: _____

Servings:	Baking time:	Temperature:

Ingredients

_____ _____ _____
_____ _____ _____
_____ _____ _____
_____ _____ _____
_____ _____ _____
_____ _____ _____
_____ _____ _____

Directions: _____
_____
_____
_____
_____
_____

Notes: _____
_____
_____
_____
_____

Rating ☆ ☆ ☆ ☆ ☆	Difficult ○ ○ ○ ○ ○

RECIPE

From the kitchen of: _____

Servings:	Baking time:	Temperature:

Ingredients

_____ _____ _____
_____ _____ _____
_____ _____ _____
_____ _____ _____
_____ _____ _____
_____ _____ _____
_____ _____ _____
_____ _____ _____

Directions: _____
_____
_____
_____
_____
_____

Notes: _____
_____
_____
_____
_____

Rating	Difficult
☆ ☆ ☆ ☆ ☆	○ ○ ○ ○ ○

RECIPE

From the kitchen of:

Servings:	Baking time:	Temperature:

Ingredients

_____ _____ _____
_____ _____ _____
_____ _____ _____
_____ _____ _____
_____ _____ _____
_____ _____ _____
_____ _____ _____

Directions: _____
_____
_____
_____
_____
_____

Notes: _____
_____
_____
_____
_____

Rating	Difficult
☆ ☆ ☆ ☆ ☆	○ ○ ○ ○ ○

RECIPE

From the kitchen of:

Servings:	Baking time:	Temperature:

Ingredients

_____ _____ _____
_____ _____ _____
_____ _____ _____
_____ _____ _____
_____ _____ _____
_____ _____ _____
_____ _____ _____

Directions: _____

_____
_____
_____
_____
_____

Notes: _____

_____
_____
_____
_____

Rating ☆☆☆☆☆	Difficult ○○○○○

RECIPE

From the kitchen of:

Servings:	Baking time:	Temperature:

Ingredients

_____ _____ _____
_____ _____ _____
_____ _____ _____
_____ _____ _____
_____ _____ _____
_____ _____ _____
_____ _____ _____

Directions: _____
_____
_____
_____
_____
_____
_____

Notes: _____
_____
_____
_____
_____

Rating ☆ ☆ ☆ ☆ ☆	Difficult ○ ○ ○ ○ ○

RECIPE

From the kitchen of: _____

Servings:	Baking time:	Temperature:

Ingredients

_____ _____ _____
_____ _____ _____
_____ _____ _____
_____ _____ _____
_____ _____ _____
_____ _____ _____
_____ _____ _____

Directions: _____
_____
_____
_____
_____
_____

Notes: _____
_____
_____
_____
_____

Rating	Difficult
☆ ☆ ☆ ☆ ☆	◯ ◯ ◯ ◯ ◯

RECIPE

From the kitchen of: _____

Servings:	Baking time:	Temperature:

Ingredients

_____ _____ _____
_____ _____ _____
_____ _____ _____
_____ _____ _____
_____ _____ _____
_____ _____ _____
_____ _____ _____

Directions: _____
_____
_____
_____
_____

Notes: _____
_____
_____
_____

Rating	Difficult
☆ ☆ ☆ ☆ ☆	○ ○ ○ ○ ○

RECIPE

From the kitchen of: _____

Servings:	Baking time:	Temperature:

Ingredients

_____ _____ _____
_____ _____ _____
_____ _____ _____
_____ _____ _____
_____ _____ _____
_____ _____ _____
_____ _____ _____
_____ _____ _____

Directions: _____
_____
_____
_____
_____
_____

Notes: _____
_____
_____
_____
_____

Rating	Difficult
☆ ☆ ☆ ☆ ☆	○ ○ ○ ○ ○

RECIPE

From the kitchen of: _____

Servings:	Baking time:	Temperature:

Ingredients

_____   _____   _____

_____   _____   _____

_____   _____   _____

_____   _____   _____

_____   _____   _____

_____   _____   _____

_____   _____   _____

Directions: _____

_____

_____

_____

_____

Notes: _____

_____

_____

_____

_____

Rating	Difficult
☆ ☆ ☆ ☆ ☆	○ ○ ○ ○ ○

RECIPE

From the kitchen of: _____

Servings:	Baking time:	Temperature:

Ingredients

_____ _____ _____
_____ _____ _____
_____ _____ _____
_____ _____ _____
_____ _____ _____
_____ _____ _____
_____ _____ _____

Directions: _____
_____
_____
_____
_____
_____
_____

Notes: _____
_____
_____
_____
_____

| Rating | Difficult |
| ☆ ☆ ☆ ☆ ☆ | ○ ○ ○ ○ ○ |

RECIPE

From the kitchen of:

Servings:	Baking time:	Temperature:

Ingredients

_____ _____ _____
_____ _____ _____
_____ _____ _____
_____ _____ _____
_____ _____ _____
_____ _____ _____

Directions: _____
_____
_____
_____
_____

Notes: _____
_____
_____
_____

| Rating ☆☆☆☆☆ | Difficult ○○○○○ |

RECIPE

From the kitchen of: _____

Servings:	Baking time:	Temperature:

Ingredients

_____ _____ _____
_____ _____ _____
_____ _____ _____
_____ _____ _____
_____ _____ _____
_____ _____ _____
_____ _____ _____

Directions: _____
_____
_____
_____
_____
_____

Notes: _____
_____
_____
_____
_____

| Rating ☆ ☆ ☆ ☆ ☆ | Difficult ○ ○ ○ ○ ○ |

RECIPE

From the kitchen of: _____

Servings:	Baking time:	Temperature:

Ingredients

_____   _____   _____
_____   _____   _____
_____   _____   _____
_____   _____   _____
_____   _____   _____
_____   _____   _____
_____   _____   _____

Directions: _____
_____
_____
_____
_____

Notes: _____
_____
_____
_____
_____

Rating ☆ ☆ ☆ ☆ ☆	Difficult ○ ○ ○ ○ ○

RECIPE

From the kitchen of: _____

| Servings: | Baking time: | Temperature: |

Ingredients

Directions: _____

Notes: _____

| Rating ☆☆☆☆☆ | Difficult ○○○○○ |

RECIPE

From the kitchen of: _____

Servings:	Baking time:	Temperature:

Ingredients

_____ _____ _____
_____ _____ _____
_____ _____ _____
_____ _____ _____
_____ _____ _____
_____ _____ _____
_____ _____ _____

Directions: _____
_____
_____
_____
_____
_____

Notes: _____
_____
_____
_____
_____

Rating ☆ ☆ ☆ ☆ ☆	Difficult ◯ ◯ ◯ ◯ ◯

RECIPE

From the kitchen of: _____

Servings:	Baking time:	Temperature:

Ingredients

_____ _____ _____
_____ _____ _____
_____ _____ _____
_____ _____ _____
_____ _____ _____
_____ _____ _____
_____ _____ _____

Directions: _____
_____
_____
_____
_____
_____

Notes: _____
_____
_____
_____
_____

Rating ☆☆☆☆☆	Difficult ○○○○○

RECIPE

From the kitchen of: _____

Servings:	Baking time:	Temperature:

Ingredients

_____ _____ _____
_____ _____ _____
_____ _____ _____
_____ _____ _____
_____ _____ _____
_____ _____ _____
_____ _____ _____
_____ _____ _____

Directions: _____
_____
_____
_____
_____
_____

Notes: _____
_____
_____
_____
_____

Rating	Difficult
☆ ☆ ☆ ☆ ☆	○ ○ ○ ○ ○

RECIPE

From the kitchen of: _____

Servings:	Baking time:	Temperature:

Ingredients

_____ _____ _____
_____ _____ _____
_____ _____ _____
_____ _____ _____
_____ _____ _____
_____ _____ _____
_____ _____ _____

Directions: _____
_____
_____
_____
_____
_____

Notes: _____
_____
_____
_____
_____

Rating ☆☆☆☆☆	Difficult ○○○○○

RECIPE

From the kitchen of:

Servings:	Baking time:	Temperature:

Ingredients

_____   _____   _____

_____   _____   _____

_____   _____   _____

_____   _____   _____

_____   _____   _____

_____   _____   _____

_____   _____   _____

Directions: _____

_____

_____

_____

_____

Notes: _____

_____

_____

_____

_____

Rating	Difficult
☆ ☆ ☆ ☆ ☆	○ ○ ○ ○ ○

RECIPE

From the kitchen of: _____

Servings:	Baking time:	Temperature:

Ingredients

_____ _____ _____
_____ _____ _____
_____ _____ _____
_____ _____ _____
_____ _____ _____
_____ _____ _____
_____ _____ _____
_____ _____ _____

Directions: _____
_____
_____
_____
_____
_____

Notes: _____
_____
_____
_____
_____

Rating	Difficult
☆ ☆ ☆ ☆ ☆	○ ○ ○ ○ ○

RECIPE

From the kitchen of: _____

Servings:	Baking time:	Temperature:

Ingredients

_____ _____ _____
_____ _____ _____
_____ _____ _____
_____ _____ _____
_____ _____ _____
_____ _____ _____
_____ _____ _____

Directions: _____
_____
_____
_____
_____
_____

Notes: _____
_____
_____
_____
_____

Rating	Difficult
☆ ☆ ☆ ☆ ☆	○ ○ ○ ○ ○

RECIPE

From the kitchen of: _____

Servings:	Baking time:	Temperature:

Ingredients

_____ _____ _____

_____ _____ _____

_____ _____ _____

_____ _____ _____

_____ _____ _____

_____ _____ _____

_____ _____ _____

Directions: _____

_____

_____

_____

_____

_____

Notes: _____

_____

_____

_____

_____

Rating ☆ ☆ ☆ ☆ ☆	Difficult ○ ○ ○ ○ ○

RECIPE

From the kitchen of: _____

Servings:	Baking time:	Temperature:
- - - - - - - - - -	- - - - - - - - - - - -	- - - - - - - - - - - -

Ingredients

_____ _____ _____
_____ _____ _____
_____ _____ _____
_____ _____ _____
_____ _____ _____
_____ _____ _____
_____ _____ _____

Directions: _____
_____
_____
_____
_____
_____

Notes: _____
_____
_____
_____
_____

Rating	Difficult
☆ ☆ ☆ ☆ ☆	○ ○ ○ ○ ○

RECIPE

_____

From the kitchen of: _____

Servings:	Baking time:	Temperature:

Ingredients

_____ _____ _____
_____ _____ _____
_____ _____ _____
_____ _____ _____
_____ _____ _____
_____ _____ _____
_____ _____ _____

Directions: _____
_____
_____
_____
_____
_____

Notes: _____
_____
_____
_____
_____

Rating	Difficult
☆ ☆ ☆ ☆ ☆	○ ○ ○ ○ ○

RECIPE

From the kitchen of: _____

Servings:	Baking time:	Temperature:
- - - - - - -	- - - - - - -	- - - - - - -

Ingredients

_____ _____ _____
_____ _____ _____
_____ _____ _____
_____ _____ _____
_____ _____ _____
_____ _____ _____
_____ _____ _____

Directions: _____
_____
_____
_____
_____
_____

Notes: _____
_____
_____
_____
_____

Rating	Difficult
☆ ☆ ☆ ☆ ☆	○ ○ ○ ○ ○

RECIPE

From the kitchen of: _____

Servings:	Baking time:	Temperature:
- - - - - - - -	- - - - - - - - - -	- - - - - - - - - -

Ingredients

_____ _____ _____
_____ _____ _____
_____ _____ _____
_____ _____ _____
_____ _____ _____
_____ _____ _____
_____ _____ _____

Directions: _____
_____
_____
_____
_____
_____

Notes: _____
_____
_____
_____
_____

Rating	Difficult
☆ ☆ ☆ ☆ ☆	○ ○ ○ ○ ○

RECIPE

From the kitchen of: _____

Servings:	Baking time:	Temperature:

Ingredients

_____ _____ _____
_____ _____ _____
_____ _____ _____
_____ _____ _____
_____ _____ _____
_____ _____ _____
_____ _____ _____

Directions: _____
_____
_____
_____
_____
_____

Notes: _____
_____
_____
_____
_____

Rating	Difficult
☆ ☆ ☆ ☆ ☆	○ ○ ○ ○ ○

RECIPE

From the kitchen of: _____

Servings:	Baking time:	Temperature:

Ingredients

_____ _____ _____
_____ _____ _____
_____ _____ _____
_____ _____ _____
_____ _____ _____
_____ _____ _____
_____ _____ _____

Directions: _____
_____
_____
_____
_____

Notes: _____
_____
_____
_____

Rating	Difficult
☆ ☆ ☆ ☆ ☆	○ ○ ○ ○ ○

RECITE

From the kitchen of: _____

Servings:	Baking time:	Temperature:
-------------	-------------	-------------

Ingredients

_____ _____ _____
_____ _____ _____
_____ _____ _____
_____ _____ _____
_____ _____ _____
_____ _____ _____
_____ _____ _____

Directions: _____
_____
_____
_____
_____
_____

Notes: _____
_____
_____
_____
_____

Rating	Difficult
☆ ☆ ☆ ☆ ☆	○ ○ ○ ○ ○

RECIPE

From the kitchen of: _____

Servings:	Baking time:	Temperature:

Ingredients

_____ _____ _____
_____ _____ _____
_____ _____ _____
_____ _____ _____
_____ _____ _____
_____ _____ _____
_____ _____ _____

Directions: _____
_____
_____
_____
_____
_____

Notes: _____
_____
_____
_____
_____

Rating	Difficult
☆ ☆ ☆ ☆ ☆	○ ○ ○ ○ ○

RECIPE

From the kitchen of: _____

Servings:	Baking time:	Temperature:
- - - - - -	- - - - - - - - -	- - - - - - - -

Ingredients

_____ _____ _____

_____ _____ _____

_____ _____ _____

_____ _____ _____

_____ _____ _____

_____ _____ _____

_____ _____ _____

Directions: _____

_____

_____

_____

_____

_____

Notes: _____

_____

_____

_____

_____

Rating	Difficult
☆ ☆ ☆ ☆ ☆	◯ ◯ ◯ ◯ ◯

RECIPE

From the kitchen of: _____

Servings:	Baking time:	Temperature:

Ingredients

_____ _____ _____
_____ _____ _____
_____ _____ _____
_____ _____ _____
_____ _____ _____
_____ _____ _____
_____ _____ _____

Directions: _____
_____
_____
_____
_____
_____

Notes: _____
_____
_____
_____
_____

Rating	Difficult
☆ ☆ ☆ ☆ ☆	○ ○ ○ ○ ○

RECIPE

From the kitchen of: _____

Servings:	Baking time:	Temperature:
- - - - - - - - -	- - - - - - - - - - -	- - - - - - - - - - -

Ingredients

_____ _____ _____
_____ _____ _____
_____ _____ _____
_____ _____ _____
_____ _____ _____
_____ _____ _____
_____ _____ _____

Directions: _____
_____
_____
_____
_____
_____

Notes: _____
_____
_____
_____
_____

Rating	Difficult
☆ ☆ ☆ ☆ ☆	○ ○ ○ ○ ○

RECIPE

From the kitchen of: _____

Servings:	Baking time:	Temperature:

Ingredients

_____ _____ _____
_____ _____ _____
_____ _____ _____
_____ _____ _____
_____ _____ _____
_____ _____ _____
_____ _____ _____

Directions: _____
_____
_____
_____
_____
_____

Notes: _____
_____
_____
_____
_____

Rating	Difficult
☆ ☆ ☆ ☆ ☆	○ ○ ○ ○ ○

RECIPE

_____

From the kitchen of: _____

Servings:	Baking time:	Temperature:
- - - - - - -	- - - - - - - - - - - - -	- - - - - - - - - - - - -

Ingredients

_____ _____ _____
_____ _____ _____
_____ _____ _____
_____ _____ _____
_____ _____ _____
_____ _____ _____
_____ _____ _____

Directions: _____
_____
_____
_____
_____
_____

Notes: _____
_____
_____
_____
_____

Rating	Difficult
☆ ☆ ☆ ☆ ☆	○ ○ ○ ○ ○

RECIPE

_____

From the kitchen of: _____

Servings:	Baking time:	Temperature:
------------------	------------------	------------------

Ingredients

_____ _____ _____
_____ _____ _____
_____ _____ _____
_____ _____ _____
_____ _____ _____
_____ _____ _____
_____ _____ _____

Directions: _____
_____
_____
_____
_____
_____

Notes: _____
_____
_____
_____
_____

Rating	Difficult
☆ ☆ ☆ ☆ ☆	○ ○ ○ ○ ○

RECIPE

From the kitchen of: _____

Servings:	Baking time:	Temperature:

Ingredients

_____ _____ _____
_____ _____ _____
_____ _____ _____
_____ _____ _____
_____ _____ _____
_____ _____ _____
_____ _____ _____
_____ _____ _____

Directions: _____
_____
_____
_____
_____
_____

Notes: _____
_____
_____
_____
_____

Rating	Difficult
☆ ☆ ☆ ☆ ☆	◯ ◯ ◯ ◯ ◯

RECIPE

From the kitchen of: _____

Servings:	Baking time:	Temperature:

Ingredients

_____ _____ _____
_____ _____ _____
_____ _____ _____
_____ _____ _____
_____ _____ _____
_____ _____ _____
_____ _____ _____

Directions: _____
_____
_____
_____
_____
_____

Notes: _____
_____
_____
_____
_____

Rating	Difficult
☆ ☆ ☆ ☆ ☆	○ ○ ○ ○ ○

RECIPE

From the kitchen of: _____

Servings:	Baking time:	Temperature:

Ingredients

_____ _____ _____
_____ _____ _____
_____ _____ _____
_____ _____ _____
_____ _____ _____
_____ _____ _____
_____ _____ _____

Directions: _____
_____
_____
_____
_____
_____

Notes: _____
_____
_____
_____
_____

Rating	Difficult
☆ ☆ ☆ ☆ ☆	○ ○ ○ ○ ○

RECIPE

From the kitchen of: _____

Servings:	Baking time:	Temperature:

Ingredients

_____ _____ _____
_____ _____ _____
_____ _____ _____
_____ _____ _____
_____ _____ _____
_____ _____ _____
_____ _____ _____

Directions: _____
_____
_____
_____
_____
_____

Notes: _____
_____
_____
_____
_____

Rating	Difficult
☆ ☆ ☆ ☆ ☆	○ ○ ○ ○ ○

RECIPE

From the kitchen of: _____

Servings:	Baking time:	Temperature:

Ingredients

_____ _____ _____
_____ _____ _____
_____ _____ _____
_____ _____ _____
_____ _____ _____
_____ _____ _____
                 _____

Directions: _____
_____
_____
_____
_____
_____

Notes: _____
_____
_____
_____
_____

Rating ☆ ☆ ☆ ☆ ☆	Difficult ○ ○ ○ ○ ○

RECIPE

_____

From the kitchen of: _____

| Servings: | Baking time: | Temperature: |

Ingredients

_____ _____ _____
_____ _____ _____
_____ _____ _____
_____ _____ _____
_____ _____ _____
_____ _____ _____

Directions: _____
_____
_____
_____
_____
_____

Notes: _____
_____
_____
_____
_____

| Rating | Difficult |
| ☆ ☆ ☆ ☆ ☆ | ○ ○ ○ ○ ○ |

RECIPE

From the kitchen of: _____

Servings:	Baking time:	Temperature:

Ingredients

_____ _____ _____
_____ _____ _____
_____ _____ _____
_____ _____ _____
_____ _____ _____
_____ _____ _____
_____ _____ _____

Directions: _____
_____
_____
_____
_____
_____

Notes: _____
_____
_____
_____
_____

Rating	Difficult
☆ ☆ ☆ ☆ ☆	○ ○ ○ ○ ○

RECIPE

From the kitchen of: _____

Servings:	Baking time:	Temperature:

Ingredients

_____ _____ _____
_____ _____ _____
_____ _____ _____
_____ _____ _____
_____ _____ _____
_____ _____ _____

Directions: _____
_____
_____
_____
_____
_____

Notes: _____
_____
_____
_____
_____

Rating	Difficult
☆ ☆ ☆ ☆ ☆	○ ○ ○ ○ ○

RECIPE

From the kitchen of: _____

Servings:	Baking time:	Temperature:

Ingredients

_____ _____ _____
_____ _____ _____
_____ _____ _____
_____ _____ _____
_____ _____ _____
_____ _____ _____
_____ _____ _____

Directions: _____
_____
_____
_____
_____
_____

Notes: _____
_____
_____
_____
_____

Rating	Difficult
☆ ☆ ☆ ☆ ☆	◯ ◯ ◯ ◯ ◯

RECIPE

From the kitchen of: _____

Servings:	Baking time:	Temperature:

Ingredients

_____ _____ _____
_____ _____ _____
_____ _____ _____
_____ _____ _____
_____ _____ _____
_____ _____ _____
_____ _____ _____

Directions: _____
_____
_____
_____
_____

Notes: _____
_____
_____
_____

Rating	Difficult
☆ ☆ ☆ ☆ ☆	○ ○ ○ ○ ○

RECIPE

From the kitchen of: _____

Servings:	Baking time:	Temperature:

Ingredients

_____ _____ _____
_____ _____ _____
_____ _____ _____
_____ _____ _____
_____ _____ _____
_____ _____ _____
_____ _____ _____

Directions: _____
_____
_____
_____
_____
_____

Notes: _____
_____
_____
_____
_____

Rating	Difficult
☆ ☆ ☆ ☆ ☆	○ ○ ○ ○ ○

RECIPE

_____

From the kitchen of: _____

Servings:	Baking time:	Temperature:

Ingredients

_____ _____ _____
_____ _____ _____
_____ _____ _____
_____ _____ _____
_____ _____ _____
_____ _____ _____
_____ _____ _____

Directions: _____
_____
_____
_____
_____
_____

Notes: _____
_____
_____
_____
_____

Rating	Difficult
☆ ☆ ☆ ☆ ☆	○ ○ ○ ○ ○

RECIPE

From the kitchen of: _____

Servings:	Baking time:	Temperature:
- - - - -	- - - - - -	- - - - - -

Ingredients

_____ _____ _____
_____ _____ _____
_____ _____ _____
_____ _____ _____
_____ _____ _____
_____ _____ _____
_____ _____ _____

Directions: _____
_____
_____
_____
_____

Notes: _____
_____
_____
_____
_____

Rating	Difficult
☆ ☆ ☆ ☆ ☆	◯ ◯ ◯ ◯ ◯

RECIPE

From the kitchen of:

Servings:
- - - - - - - - - - - - - - - - - -

Baking time:
- - - - - - - - - - - - - - - - - -

Temperature:
- - - - - - - - - - - - - - - - - -

Ingredients

Directions:

Notes:

Rating
☆ ☆ ☆ ☆ ☆

Difficult
○ ○ ○ ○ ○

RECIPE

From the kitchen of: _____

Servings:	Baking time:	Temperature:

Ingredients

_____ _____ _____
_____ _____ _____
_____ _____ _____
_____ _____ _____
_____ _____ _____
_____ _____ _____
_____ _____ _____

Directions: _____
_____
_____
_____
_____
_____

Notes: _____
_____
_____
_____
_____

Rating	Difficult
☆ ☆ ☆ ☆ ☆	○ ○ ○ ○ ○

RECIPE

_____

From the kitchen of: _____

┌─────────────────┐ ┌─────────────────┐ ┌─────────────────┐
│   Servings: │ │ Baking time: │ │ Temperature: │
│ -------------- │ │ --------------- │ │ --------------- │
└─────────────────┘ └─────────────────┘ └─────────────────┘

Ingredients

_____   _____   _____
_____   _____   _____
_____   _____   _____
_____   _____   _____
_____   _____   _____
_____   _____   _____
_____   _____   _____

Directions: _____
_____
_____
_____
_____
_____

Notes: _____
_____
_____
_____
_____

┌─────────────────────────┐ ┌─────────────────────────┐
│   Rating   │ │   Difficult   │
│ ☆ ☆ ☆ ☆ ☆   │ │ ○ ○ ○ ○ ○   │
└─────────────────────────┘ └─────────────────────────┘

RECIPE

From the kitchen of: _____

Servings:	Baking time:	Temperature:

Ingredients

_____ _____ _____
_____ _____ _____
_____ _____ _____
_____ _____ _____
_____ _____ _____
_____ _____ _____
_____ _____ _____
_____ _____ _____

Directions: _____
_____
_____
_____
_____
_____

Notes: _____
_____
_____
_____
_____

Rating	Difficult
☆ ☆ ☆ ☆ ☆	○ ○ ○ ○ ○

RECIPE

From the kitchen of: _____

Servings:	Baking time:	Temperature:

Ingredients

_____ _____ _____
_____ _____ _____
_____ _____ _____
_____ _____ _____
_____ _____ _____
_____ _____ _____
_____ _____ _____

Directions: _____
_____
_____
_____
_____
_____

Notes: _____
_____
_____
_____
_____

Rating ☆☆☆☆☆	Difficult ○○○○○

RECIPE

From the kitchen of: _____

Servings:	Baking time:	Temperature:

Ingredients

_____ _____ _____
_____ _____ _____
_____ _____ _____
_____ _____ _____
_____ _____ _____
_____ _____ _____
_____ _____ _____
_____ _____ _____

Directions: _____
_____
_____
_____
_____

Notes: _____
_____
_____
_____
_____

Rating	Difficult
☆ ☆ ☆ ☆ ☆	○ ○ ○ ○ ○

RECIPE

_____

From the kitchen of: _____

Servings:	Baking time:	Temperature:

Ingredients

_____ _____ _____
_____ _____ _____
_____ _____ _____
_____ _____ _____
_____ _____ _____
_____ _____ _____
_____ _____ _____

Directions: _____
_____
_____
_____
_____
_____

Notes: _____
_____
_____
_____
_____

Rating	Difficult
☆ ☆ ☆ ☆ ☆	○ ○ ○ ○ ○

RECIPE

From the kitchen of: _____

Servings:	Baking time:	Temperature:

Ingredients

_____ _____ _____
_____ _____ _____
_____ _____ _____
_____ _____ _____
_____ _____ _____
_____ _____ _____
_____ _____ _____

Directions: _____
_____
_____
_____
_____
_____

Notes: _____
_____
_____
_____
_____

Rating	Difficult
☆ ☆ ☆ ☆ ☆	◯ ◯ ◯ ◯ ◯

RECIPE

From the kitchen of: _____

Servings:	Baking time:	Temperature:

Ingredients

_____ _____ _____
_____ _____ _____
_____ _____ _____
_____ _____ _____
_____ _____ _____
_____ _____ _____
_____ _____ _____

Directions: _____
_____
_____
_____
_____
_____

Notes: _____
_____
_____
_____
_____

Rating	Difficult
☆ ☆ ☆ ☆ ☆	◯ ◯ ◯ ◯ ◯

RECIPE

From the kitchen of: _____

Servings:	Baking time:	Temperature:

Ingredients

_____ _____ _____
_____ _____ _____
_____ _____ _____
_____ _____ _____
_____ _____ _____
_____ _____ _____
_____

Directions: _____
_____
_____
_____
_____

Notes: _____
_____
_____
_____

Rating	Difficult
☆ ☆ ☆ ☆ ☆	○ ○ ○ ○ ○

Printed in Great Britain
by Amazon